Theo von Taane

Witze rund um Schach

Humor & Spaß : Neue Schachwitze, lustige Bilder und Texte zum Lachen mit schachmatt Effekt!

Bibliografische Information der Deutschen Nationalbibliothek:
Die Deutsche Nationalbibliothek verzeichnet diese Publikation in der Deutschen Nationalbibliografie; detaillierte bibliografische Daten sind im Internet über http://dnb.dnb.de abrufbar.

Texte und Illustrationen: **Theo von Taane**

Herstellung und Verlag: BoD – Books on Demand, Norderstedt

ISBN: 9783734731655

Witze rund um Schach

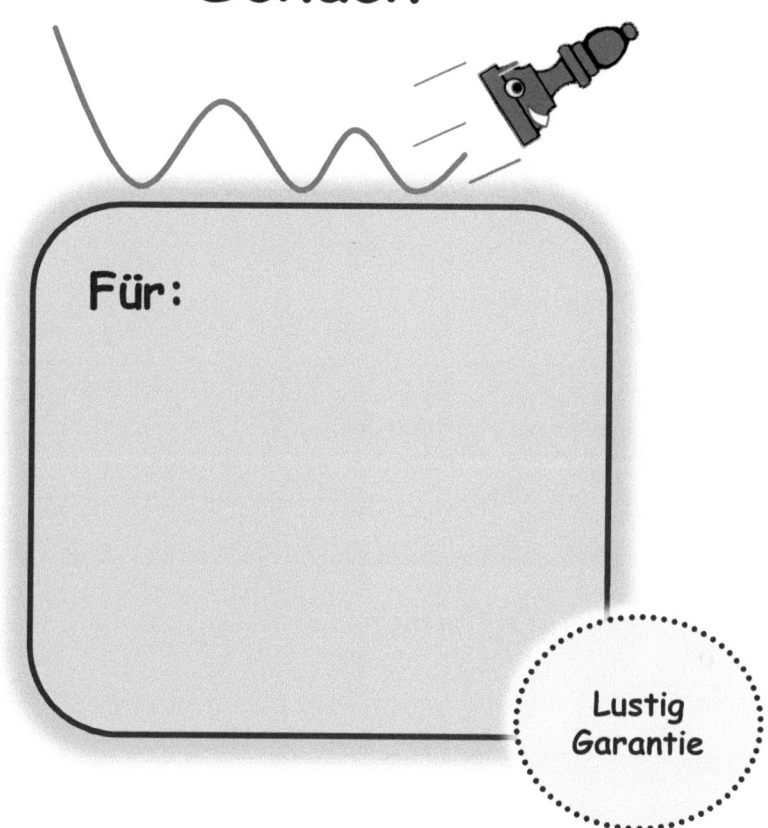

Für:

Lustig
Garantie

Inhaltsverzeichnis

1.   Im Verein

In der Seniorenmannschaft

Zwei alte Herren unterhalten sich nach dem Schachwettkampf. Sagt der eine:

„Hast du meine Zugkombination zum Sieg gesehen, das war eine strategische Meisterleistung wie in jungen Jahren." Darauf der andere: „Na ja, aber den Herzkaspar hatte der andere schon bekommen noch bevor du die Figur abgesetzt hattest."

Beratung

Habe bitte Mitleid mit mir. Außer den Bauern ist mir nichts geblieben. Aufgeben ist so einfach, ich flehe dich an, probiere es doch einmal.

Tue es nicht, wirf den schwarzen Bauern. Schwarz steht für böse, vergiss das nicht!

Taschenlampe

Schachspieler infernale

Während der Pause der Trainer zu seinem Schachspieler: „Also Du musst Dich nun langsam mal entscheiden, welchen Karriereweg Du einschlagen möchtest. Entweder der weltbeste Slapstick-Darsteller werden oder der Gewinner dieses Schachwettkampfes. Beides gleichzeitig geht nicht."

Monarchie

Auf den Hund gekommen!

„Hallo Herr Meyer, dass sie ihren Hund mit zum Schachspielen nehmen ist grundsätzlich in Ordnung, aber dass er jedes mal wenn sie eine Figur verlieren immer ein neues Tischbein markiert geht nun wirklich zu weit."

Zukunftspläne

Kampfverlust

„Hallo Herr Meyer, sagen sie mal weshalb kniet denn unser Trainer auf dem Boden und schaut permanent auf den Boden?" Meyer:
„Er sucht das Körnchen Glück, dass ihm fehlte um den letzten Schachwettkampf zu gewinnen."

Schnelligkeit

„Mensch ihr Sohn hat ja eine tierische Geschwindigkeit beim Schachspielen drauf, vergleichbar mit....wie heißt noch einmal das Tier mit dem Panzer auf dem Rücken?"

Erfrischung

„Ich muss schon sagen, sehr erfrischend wie unser teuer eingekaufter Neuzugang Schach spielt. Nein, nicht was sie jetzt denken, sondern er sorgt als Luftnummer durch seine unkoordinierten Züge immer wieder für frische Verwirbelungen mit kühlendem Luftstrom."

Der neue Springer

Ich habe doch klipp und klar gesagt du sollst ein Pferd besorgen und kein Pegasus!!!

Mutiger Zug

„Wow, das war wirklich ein Wahnsinns Zug. So etwas habe ich noch nie gesehen. Dieser mutiger Vorstoß mit der Dame direkt in die feindlichen Reihen des Gegners und dann dieser trockene Gegenzug mit dem Bauern der die Dame einfach wirft.

Ich sag es ja immer, besser man überprüft vor dem Zug das Zielfeld ob sich nicht irgendwo einer dieser hinterhältigen Bauern versteckt hält.."

Mobilfunk

„Hallo Herr Meyer wissen sie warum uns der Trainer zuruft, wir sollen unsere handys ausschalten?" Meyer:

„Na offenbar möchte er den aktuellen Höhenflug seines Schützlings nicht gefährden und durch das Mobilfunkverbot den typischen Absturz in den letzten Zügen des Schachwettkampfes vermeiden."

Der Schach Nerd

Renovierung der Clubräumlichkeit

Clubmitglied zum Hallenwart:
„Das hatten wir ja noch nie. So viele Clubmitglieder, die freiwillig helfen die Clubräumlichkeiten aufzuräumen und auch zu renovieren. Toll diese Moral."
Hallenwart:
„Ja unglaublich wie die Nachricht um eine gefundene historische Goldmünze die Moral verändern kann, selbst wenn es sich um meine eigene handelt, die ich verloren hatte, aber das will ja keiner hören."

Verfolgung

Psychologie

Der Trainer zu seinen Schützlingen nach dem Wettkampf in den Räumlichkeiten des anderen Vereins:

„Um euren Gegner schlagen zu können solltet ihr ihn auch insbesondere psychologisch gut einschätzen können. Wenn ihr z.B. merkt, dass er wütend ist und mit jedem Zug direkt punkten möchte, dann opfert ein oder zwei Bauern und manövriert ihn damit in eine vorbereitente Stellung zur Mattsetzung. Im Eifer, Figuren schlagen zu können, wird er dann diese Falle übersehen. Hier zum Beispiel, nehmen wir diesen Spieler dort drüben bei den Senioren, wie würdet ihr seine psychologische Verfassung einschätzen?"

Darauf eines der Teammitglieder:

„Stark übernächtigt, Trinkerseele, unbeherrscht und flucht bei jeder Gelegenheit, hat also Null Konzentration und Selbstbeherrschung. Bei diesem Spieler reicht es, ihn einfach kommen zu lassen, einige Spielzüge anzutäuschen und dann nur noch quasi auf den richtigen Moment zur Nutzung der Lücke in seiner Flanke zum finalen Matt-Zug zu warten." Trainer: „Das ist ja toll analysiert, woraus entnimmst Du denn die ganzen Details?" Teammitglied: „Na ich werde ja wohl meinen eigenen Onkel kennen."

Indianer

„Sag mal Peter, wer ist denn dieser komisch gekleidete Kauz da drüben der aussieht wie ein Ureinwohner aus der Südsee?" Peter:
„Ach den, den hat unser Vorstand speziell für die Ligaspiele eingekauft."
„Kann der denn so gut Schach spielen ?"
„Das nicht, aber sofern wir bei entscheidenden Wettkämpfen zu verlieren drohen, beginnt er mit den Verfluchungen der Gegner mit seiner Voodoo Puppe."

Erste Erfahrungen im Schachspielen

Der kleine Paul war das erste Mal mit im Schachverein und hat seinen Vater beim Schachspielen zugeschaut. Anschließend prahlte er:
„Mein Vater ist der beste Schachspieler auf der Welt. Er war der einzige der es geschafft hatte am Ende nur noch eine Figur auf dem Spielbrett zu haben."

Spatzen

Sitzen zwei Spatzen auf einem Fenstersims und schauen bei einem Schachwettkampf zu, sagt der eine: „Mann, diese Kondition, das geht jetzt schon fast anderthalb Stunden so." Sagt der andere Spatz: „Ja, das hätte ich Pauli auch nicht zugetraut, der muss nach dem ganzen Geticke schon ordentlich einen an der Birne abbekommen haben."
„Ja denke nächstes mal überlegt er es sich zweimal aus Neugierde einfach in eine offenstehende Schachuhr zu schlüpfen."

Ansprache

Nach dem Schachwettkampf spricht der Clubvorstand vor versammelter Mannschaft: „Wir haben zwar heute nicht gewonnen, aber nach dieser Vorstellung bin ich schon froh, dass keiner beim Nachdenken mit dem auf den Armen abgestützen Kopf auf das Brett gefallen ist und sich an einen der Figuren tödlich verschluckt hat.

Geduld

Zwei Clubmitglieder schauen sich ein Schachwettkampf an, sagt der eine:

„Warum sitzt denn Rüdiger immer noch so teilnahmslos auf dem Stuhl neben dem Tisch statt weiterzuspielen?" Darauf der andere:

„Na weil ihm der Trainer gesagt hat er soll auf den richtigen Augenblick zum Angriff warten."

Andacht

„Sag mal warum steht denn die ganze Mannschaft schweigend vor dem Schachbrett dort hinten mit gefalteten Händen, gesenkten Kopf und abgenommenen Mützen?"

„Na weil wir uns dort im letzten Wettkampf die entscheidende Niederlage gegen den Klassenerhalt eingefangen haben und diesem nun die letzte Ehre erweisen."

„Und warum stehen dann alle Mannschaftsmitglieder da und nicht nur die Kämpfer die das zu verantworten haben?"

„Die anderen stellen den Vollzug sicher."

Dirty Talking

Versprechen

„Sag mal, wieso trägt Frank beim Schachspielen jetzt seine Sachen falsch herum, also das, was normalerweise innen ist, nach außen?"

„Na beim letzten Wettkampf hatte er so schlecht gekämpft, dass er versprach seine ganze Spielweise umzukrempeln."

„Ja schon, aber dass er jetzt seine Unterhose umgedreht nach außen trägt finde ich jetzt schon ein wenig geschmacklos."

Pferd

Verabredung

Anton und Peter trainieren Mattstellungen außerhalb des regulären Trainings, da klingelt das Handy von Anton. Anton nimmt ab und nach einer Weile sagt er zu Peter:

„Meine Frau hat gerade angerufen und mir gesagt, dass sie heute Abend erst sehr spät nach Hause kommen wird." Peter:

„Ja und?" Anton:
„Na sie weiß nichts von unserem Herrenabend heute und hat gesagt, dass sie mit dir den ganzen abend eine wichtige Präsentation für morgen vorbereiten muss."

Schachgroßmeister

16

Grundstück

Hast du schon gehört dass man jetzt Teile unseres Turnierschachbrettes ideell kaufen kann? Man kann einen Namen vergeben, bekommt sogar eine Urkunde. Nette Sache als Geschenk. Und der Verein kann mit den Einnahmen die Clubräume renovieren."

„Theoretisch hast du recht. Aber es gibt hier ein paar Mitglieder die das ganze etwas zu ernst nehmen."

„Wieso?"

„Na schau doch mal zum Schachbrett, hier haben sich die Müllers die Reihe A1 bis A8 gekauft und gleich komplett umzäunt."

Schach gegen sich selbst

Bauernjagd

Kommt doch, wo seid ihr? Ich will mit euch nur ein bisschen schmeißen.

Für wie blöd hält der uns eigentlich?

Treibsand

„Warum stellt der Trainer vor dem Schachbrett ein Schild mit der Aufschrift ‚Achtung Treibsand, betreten verboten' auf und weshalb stehen seine Schachspieler daneben und schauen gebannt zu?"

„Die Schachspieler sind unsere Mannschaft bei den Junioren und der Trainer kann sich das schlechte Abschneiden der Mannschaft nur noch dadurch erklären, dass der Untergrund des Schachbrettes aus Treibsand besteht."

„Das verstehe ich nicht."

„Na der Trainer hat so intensiv mit den Kämpfern taktisch gute Zugkombinationen und an der Spieltaktik gearbeitet, dass als einzige Erklärung nur noch Treibsand in Frage kommt, der im Schachspiel alle guten Züge und eintrainierten Taktiken unserer Mannschaft rückstandslos verschluckt haben muss."

Schachfiguren

Unterhalten sich zwei Schachfiguren, sagt die eine:

„Also ich mach das nicht mehr lange mit, andauernd werde ich irgendwo hingesetzt wo ich nicht hin will, meine Lackierung ist schon ganz abgegriffen, mein Standfilz verfranzt und nach einem Spiel liege ich meistens quer und alleingelassen auf dem Tisch."

Darauf der andere:

„Ja was hast du denn erwartet von deinem Job als Schachfigur?"

Darauf der andere:

„Das ich ab und zu geworfen werde, halte ich schon aus, aber beworben hatte ich mich als Spielfigur und nicht tragische Figur. Weißt du was, langsam glaube ich, dass ich das Opfer einer Verwechselung bin..."

Träume

Schachuhr

Aktivität

„Den aktivsten Part in Deinem Schachwettkampf heute hatte deine Schachuhr."

Announce

Turmfalke entflogen, abzugeben beim schwarzen Turm mit folgender Adresse:

Ort: Auf dem Schachbrett
Strasse: A
Hausnummer: 8

Irre

Treffen sich zwei Irre zum Schachspielen, sagt der eine:

„Ach verdammt wir können nicht spielen."

Sagt der andere: „Warum nicht, was ist denn los?"

Darauf wieder der andere: „Wir haben die Würfel vergessen."

GPS

„Hallo Klaus, weißt du warum mehrere Schachspieler andächtig mit abgenommenen Mützen vor dem Schachbrett stehen?"

Klaus: „Da nach den GPS-Koordinaten des neuen billig Smartphones von Frank, sich genau dort der Eingang zur heiligen Anlage des Petersdom in Rom befinden müsste."

Allein

Das war mal wieder klar. Alle anderen gehen zur Party und ich muss wieder ganz allein das Spiel schmeißen.

Traditionelles Treffen

Die drei Familienväter Paul, Frank und Peter treffen sich jeden Sonntag früh um zusammen Schach zu spielen. Diesen Sonntag ist Ostersonntag und alle sind überrascht, dass es trotz Familienzwang jeden gelungen ist, zum Treffen zu kommen.

Paul: „Ich habe meiner Frau einen teuren Wellness-Gutschein geschenkt."

Frank: „Meine Frau hat von mir einen silbernen Anhänger bekommen, den sie schon immer haben wollte."

Peter: „Ich habe gestern Abend ausgiebig Knoblauch gegessen und bereits heute früh um sechs stand wie von Zauberhand meine Trainingstasche direkt neben der Tür fertig gepackt zum Abmarsch bereit."

Hammerhart!

Wussten sie schon dass unter ‚hammerharten' Schachkämpfen keine Filme mit sexuell anrüchigen Spielszenen zu verstehen sind, auch wenn manche Schachwettkämpfe der nackte Wahnsinn sind?

Fürsorge

Beim einem Freundschaftsschachspiel zwischen zwei Vereinen spricht der eine Spieler plötzlich zum anderen: „Schauen Sie mal durch das Panoramafenster, sehen sie den Krankenwagen, der kommt sicher wegen der hochschwangeren Frau dort drüben. Na, hoffentlich ist noch nicht die Fruchtblase geplatzt." Darauf steht sein Gegner auf und macht mit seinen Armen ausladende Winkbewegungen, um dem Krankenwagen aus der Entfernung zu signalisieren, wo er am besten halten kann.

Dann geht das Schachspiel weiter. Nach dem das Spiel beendet ist meint noch der eine Schachspieler: „Das war wirklich nett von Ihnen dem Krankenwagen zu helfen, schneller einen Halteplatz zu finden." Darauf der andere: „Ja selbstverständlich, immerhin handelt es sich bei der Schwangeren um meine Frau."

Auf den Hund gekommen

Zwei Schachspieler aus verschiedenen Vereinen trainieren an diesem Wochenende zusammen. Der eine hat einen kleinen Hund dabei der sehr gut apportieren kann und jedes mal wenn sein Herrchen eine gegnerische Figur geschlagen hat macht dieser ein kleines Wuff und wenn er ‚Schach' ruft, sogar einen kleinen Salto. Meint der andere: „Und was macht er wenn Du mal nicht gewinnst?". Darauf der andere: „Dann fängt er an zu fliegen." Freund: „Das ist ja phänomenal. Wie weit denn?". Darauf wieder der andere: „Je nachdem wie weit ich den König werfen kann, und in welchem Stockwerk wir uns gerade befinden."

Arzt

Beim Frauenschach. In einer Pause bemerkt eine der Frauen dass der begehrte Dr. Frank zugeschaut hat und fragt ihn: „Hallo Herr Doktor wie finden sie wie ich Schach spiele?" Darauf der Doktor: „Aber meine Teuerste, sie wissen doch als Arzt unterliege ich der Schweigepflicht."

Angeber

Nicht ärgern - einfach irre

Zwei Irre wollen zusammen Schach spielen, wundert sich der eine, dass die Figuren farblich nicht passen, sagt der: „Das ist wirklich das Komische am Schachspiel." Fragt der andere: „Was denn?"
„Na, die verkaufen Schachfiguren die zu klein sind und dann finde ich auch keine farblich passenden Felder in rot, blau, grün oder gelb."
Meint der andere: „Na wenigsten ist ein Würfel dabei."

Wurf eines Bauern

Kindergeld

Wussten sie schon, dass Schachprofis kein Kindergeld für kindische Spielzüge beantragen dürfen?

Toilettengang

Ein Schachspieler möchte nach dem Schachwettkampf in einem Sportcenter auf die Toilette gehen. Da diese zu klein ist, um seine größere Tasche mitzunehmen, muss er sie vor der Tür stehen lassen. Damit sie keiner mitnimmt schreibt er auf einen Zettel: „Wer es wagt, die Tasche wegzunehmen bekommt von mir einen Springer-Sprung in seinen Nacken, dass er nicht mehr weiß wo oben und unten ist". Er legt den Zettel auf die Tasche und geht dann auf die Toilette. Als er wieder raus kommt ist die Tasche weg und findet statt dessen einen Zettel auf dem Boden liegend auf dem steht: „Springer schlägt Bauernopfer auf E4, aber Läufer zieht sich ungesehen auf B1 zurück."

Mannschaftsessen

Wussten sie schon, dass das traditionelle Mannschaftsessen nach einem Schachwettkampf kulturell unterschiedlich verstanden werden kann, so verstehen beispielsweise Kannibalen etwas völlig anderes hierunter als in unseren Breitengraden.

Gerüchte

„Weißt du schon das Neueste?"

„Nein, was denn?"

„Peter Maier unserem Vorstand geht es momentan nicht gut, ein dutzend Gläubiger sind hinter ihm her, ihm steht das Wasser bis zum Hals."

„Ja das habe ich auch gehört und morgen will er untertauchen."

Buchempfehlung:

„Je öfter man drückt, desto schneller kommt der Fahrstuhl!"
ISBN: 9783735785794

Inhaltsangabe :

Bewerbung

Eine junge gutaussehende Frau betritt das Sekretariat des Schachsportvereins zwecks Bewerbungsgesprächs als neue Sekretärin. Zufällig hält sich der Trainer der Frauenmannschaft im Büro auf und sortiert gerade hinter dem Schreibtisch neu angekommenen Schachbretter der Größe nach, als die junge Frau den Raum betritt. Die junge Frau:

„Guten Tag, ich bin Frau Müller die Neue, erinnern sie sich an unser Telefonat?" Trainer:

„Das ist ja super, wir brauchen dringend eine Verstärkung in unserem Team, aber bei der Gelegenheit, würden Sie auch mit einer Größe XL spielen wollen?"

Die junge Frau errötend:

„Das kann ich nicht sagen, mit so starken Stücken hatte ich es bislang noch nicht zu tun."

Zukunftspläne

Tragende Rolle

Ächz, Stöhn…
Hätte ich bloß meine
Klappe gehalten.
Verdammter Ehrgeiz.

Weiter, weiter.
Jetzt hast du deine
tragende Rolle und
stöhnst nur rum.

Ergebenheit

So, so, Sie wollen also
unserem schwarzen
Schachteam beitreten.
Darf ich bitte auch
erfahren warum?

Habe gehört hier gibt es
gute Aufstiegschancen vom
Bauer über den Läufer und
Springer bis hin zum Turm.
Falls es die Situation
erfordert wäre ich auch zu
einer Geschlechts-
umwandlung zur Dame
bereit. Ich stehe stets
meinem Mann, mein König.

2. Fitness und Techniktipps

Königsgambit

Schaffen sie mehr Sicherheit für ihr Königsgambit indem sie die Figuren so auf die Felder setzen, dass deren Rückseite zum Gegner zeigt. Damit bleibt für ihren Gegner unklar welche Figur sie tatsächlich gesetzt haben. Es werden ihnen außerdem die erstaunten Blicke der Zuschauer ganz gewiss sein.

Kontrolliertes Werfen

Behalten sie auch beim Werfen von generischen Figuren die Kontrolle. Schubsen sie mit Hilfe ihrer Figur die Gegnerische so vom Brett, dass diese direkt am Brettrand liegenblieb. Damit zeigen sie dem Gegner ihre überragende Kompetenz im Angriffsschach und erzeugen hierdurch eine starke Einschüchterung. Lassen sie sich nicht beirren durch die vielen Strafen und Verwarnungen die sie dann erhalten werden, gemessen in einer Lifetime Scorecard werden sie durch das kontrollierte Werfen langfristig die Nase vorne haben* (*statistisch nicht berücksichtigt Gegner die mindestens genauso alt oder älter werden als sie).

Gegner verwirren

Verwirren Sie ihren Gegner bei der Durchführung ihrer Rochade, indem sie vor dem finalen Absetzen der Figuren diese minutenlang so auf dem Schachbrett hin- und herschieben, als wenn sie ein Hütchenspiel spielen würden. Achtung! Achten sie auf ein gutes Aufwärmtraining ihrer Finger, um Verkrampfungen im Vorfeld auszuschließen.

Schottische Partie korrekt gespielt

Kontrollieren sie die saubere Durchführung ihrer ‚Schottischen Partie' durch Spielen der Partie im Schottenrock. Laufen sie Gefahr zu verlieren, schieben sie ihren Rock etwas nach oben und zeigen mehr Bein. Ihr Gegner wird entweder ganz verblüfft oder angetan sein, in jedem Fall ist er abgelenkt, so dass sie nun wieder bessere Chancen aufs Gewinnen bekommen.

Kondition

Mehr Ausdauer durch mentale Suggestion. Stellen sie sich einfach vor sie bewegen ihre Figuren die ganze Zeit während des Spieles Berg ab und ihre Gegner dagegen Berg auf. Suggerieren sie sich in der zweiten Stufe dann mentale Siebenmeilenstiefel für ihre Läufer. Sie werden sehen, mit ihrer neu gewonnenen mental geerdeten Kondition werden sie Berge versetzen.

Konzentration

Es ist wissenschaftlich erwiesen dass ein Sekundenschlaf eine enorm erfrischende Wirkung in kurzer Zeit erzielen kann. Daher rät der Profi bei lang anhaltenden Spielzügen mal die Augen für eine Weile zu schließen. Der Erholungseffekt nach Wiederöffnen wird enorm sein. Sie werden weniger Druck verspüren und gehen erfrischt in die nächsten Spielzug, oder gleich Wettkampf. Und je mehr sie diese Technik in einem Schachwettkampf anwenden desto entspannter können sie spielen, bis hin zu einem souveränen Verlust mit Wohlfühlgarantie für Sie (aber nicht für ihre Mannschaft).

Links

Bei Schachspielern mit zwei linken Händen wird von der Durchführung von rechtsorientierten Läuferbewegungen dringend abgeraten.

Regenschirm

Seniorenteam

Unterhalten sich zwei Schachspieler, sagt der eine:

„Schau dir mal die Seniorenspieler des gegnerischen Vereins an, sehen ziemlich grottig aus." Sagt er andere:

„Ach so, und ich dachte schon der Friedhof um die Ecke hätte heute Wandertag."

3. Gesundheit, Pflege & Mode

Besuch beim Psychiater

Kommt eine Schachfigur zum Psychiater und sagt: "Also ich versuche wirklich, meinem Leben einen Sinn zu geben und bleibende Abdrücke zu hinterlassen, aber kaum habe ich mir eine tolle Stellung erarbeitet, muss ich schon wieder weiterziehen oder nochmal von ganz vorne anfangen!"

Fremdgehen

Unterhalten sich zwei Schachspieler sagt der eine:

„Hast du schon das Neueste gehört?"

„Nein, was denn?"

„Eine Frau wurde von ihrem Mann beim Fremdgehen erwischt. Aus Wut hat er diese solange mit einer Schachfigur beworfen, bis sie tatsächlich in die Notaufnahme eingeliefert werden musste."

„Auweia, und welche Schachfigur hat er verwendet?"

Beim Arzt

Ein Mann beim Arzt. Nachdem dieser alle Untersuchungen abgeschlossen hat, schaut er mit ernster Miene zum Patienten und sagt: „Ich rate Ihnen dringend sofort mit dem Schachspielen aufzuhören.". Patient: „Ach Herrje, Herr Doktor steht es so schlimm um mich?". Arzt: "Das nicht, aber ihre Wettkampfergebnisse lassen keine andere Diagnose zu."

Modern Look

Unterhalten sich zwei Frauen im Foyer vor dem Schachwettkampf, sagt die eine:

„Ja du hast recht dieser schäbige vintage–look ist wieder in, aber die anderen tragen mit Label und du nicht."

Jobrotation

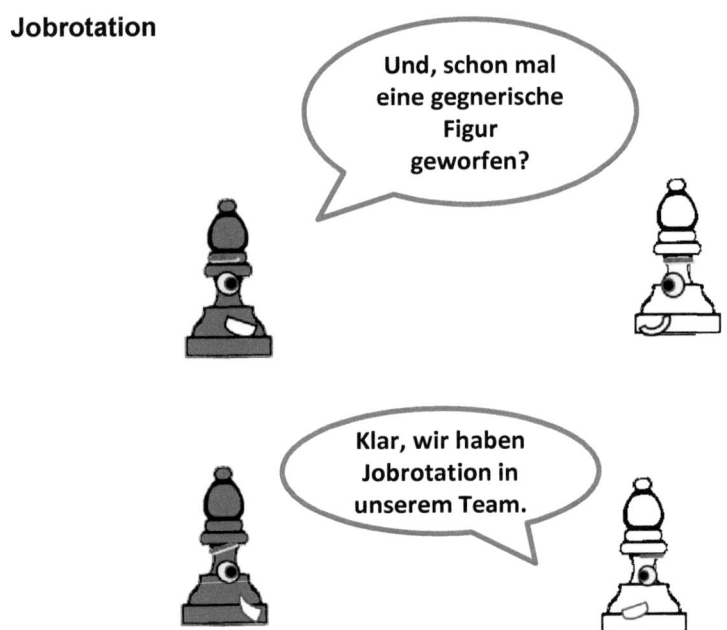

Zeit

Frank und Peter unterhalten sich nach ihrem Schachwettkampf

Frank: „Und Peter, wie lange spielst du schon Schach?"

Peter: „Seit ungefähr fünf Jahren."

Frank: „Das ist eine lange Zeit, kein Wunder dass du so müde aussiehst."

Umschulung

Outfit

„Hallo Tina, schön dass es heute mit unserer Verabredung zum Kaffeerinken auf der Terrasse beim Schachvereins geklappt hat."

„Wie findest du eigentlich mein neues Outfit, das mir mein Mann letzte Woche gekauft hat?"

„Ja richtig, dass ist wirklich schade, dass ihr euch noch immer nicht versöhnt habt."

Neues Outfit

Unterhalten sich zwei junge Schachspielerinnen, sagt die eine: „Also immer, wenn ich ein neues Outfit trage gehe ich mir gleich das nächste anschaffen." Darauf die andere: „Also bei mir ist das genau umgekehrt."

Fußverletzung

Ein Schachspieler kommt mit stark bandagierter Hand in den Clubraum. Darauf ein Clubmitglied:

„Übertrainiert?". Darauf der Schachspieler:

„Nein, beim Ausruhen vom Sofa gefallen."

Nichts

Wow wie sexy, ein Hauch von nichts..

Creme and run

„Wow Frank, deine Kondition ist einfach fantastisch, das kommt sicherlich Deiner Konzentration im Schachspiel zugute. Und du hast auch ordentlich abgenommen, mindestens 10 kilo. Wie schafft man das in nur zwei Wochen?"
Frank:
„Das habe ich dem neuen Fitness- und Trainingsprogramm ‚Creme and run' zu verdanken." Darauf der andere:

„Creme and run? Was ist das denn?" Frank:

„Na ja, bevor man zum Schachspielen in die Halle geht, reibt man sich die Waden mit Speck ein und wenn dann das Schachtraining beginnt nimmt der Trainer einfach seinen ausgehungerten Terrier von der Leine."

4. Schiedsrichter

Faul

Unterhalten sich zwei Zuschauer eines Schachwettkampfes, fragt der eine:

„Warum signalisiert denn der Schiedsrichter permanent Faul? Gibt es das überhaupt beim Schach?" Darauf der andere:

„Der eine Schachspieler scheint sich nicht besonders viel Mühe zu geben und der Schiedsrichter ist von Beruf Lehrer und kann offenbar auch in seiner Freizeit nicht abschalten."

Umorientierung

„Vielleicht sollte einer mal dem Ersatzschiedsrichter sagen, dass wir hier nicht beim Tennis sondern beim Schachwettkampf sind." Darauf der andere: „Wieso?" Darauf wieder der andere: „Na hör mal, es gibt beim Schachspielen keinen Aufschlag, und jedes mal ‚1st Serve, quiet please' zu rufen, wenn der eine Spieler zu einem ‚Schach' ansetzen will hat geht nun gar nicht."

Schiedsrichter

Im Schachwettkampf. In einer Pause geht einer der Kämpfer auf den Schiedsrichter zu und drückt ihm einen Euro in die Hand. Schiedsrichter:

„Wie soll ich das denn bitte verstehen?" Kämpfer:

„Naja, ich dachte mir dass es sehr anstrengend für sie sein muss mehrere Stunden hier dem Nichtstun ausgesetzt zu sein. Das müssen sie sich doch nicht antun als 1 Euro Jobber. Jetzt haben sie den Euro und können gehen wohin sie wollen."

Massage

Ahhhh.....
Lauf bitte weiterhin auch schön am Rand entlang, da juckt es am meisten.

Türme

Gott ist mir langweilig. Werde mal Peter fragen ob er zu mir rüberkommt, dann können wir wenigstens wieder Tower Bridge zusammen spielen.

Haarpflege

Seit ich Schaumar nehme fühlt sich mein Holz viel geschmeidiger an.

Vibrationen

Was ist denn mit Gwendolin los? Hat sie einen epileptischen Anfall oder so?.

Nein, sie kommt gerade aus einem Schachwettkampf, und wurde zehn mal hintereinander dieselbe Reihe rauf und runtergejagt.

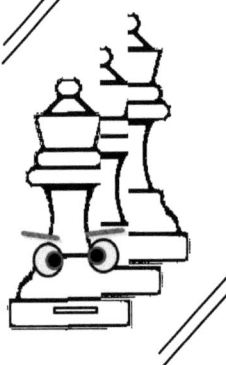

5. Trainer & Training

Schicksale

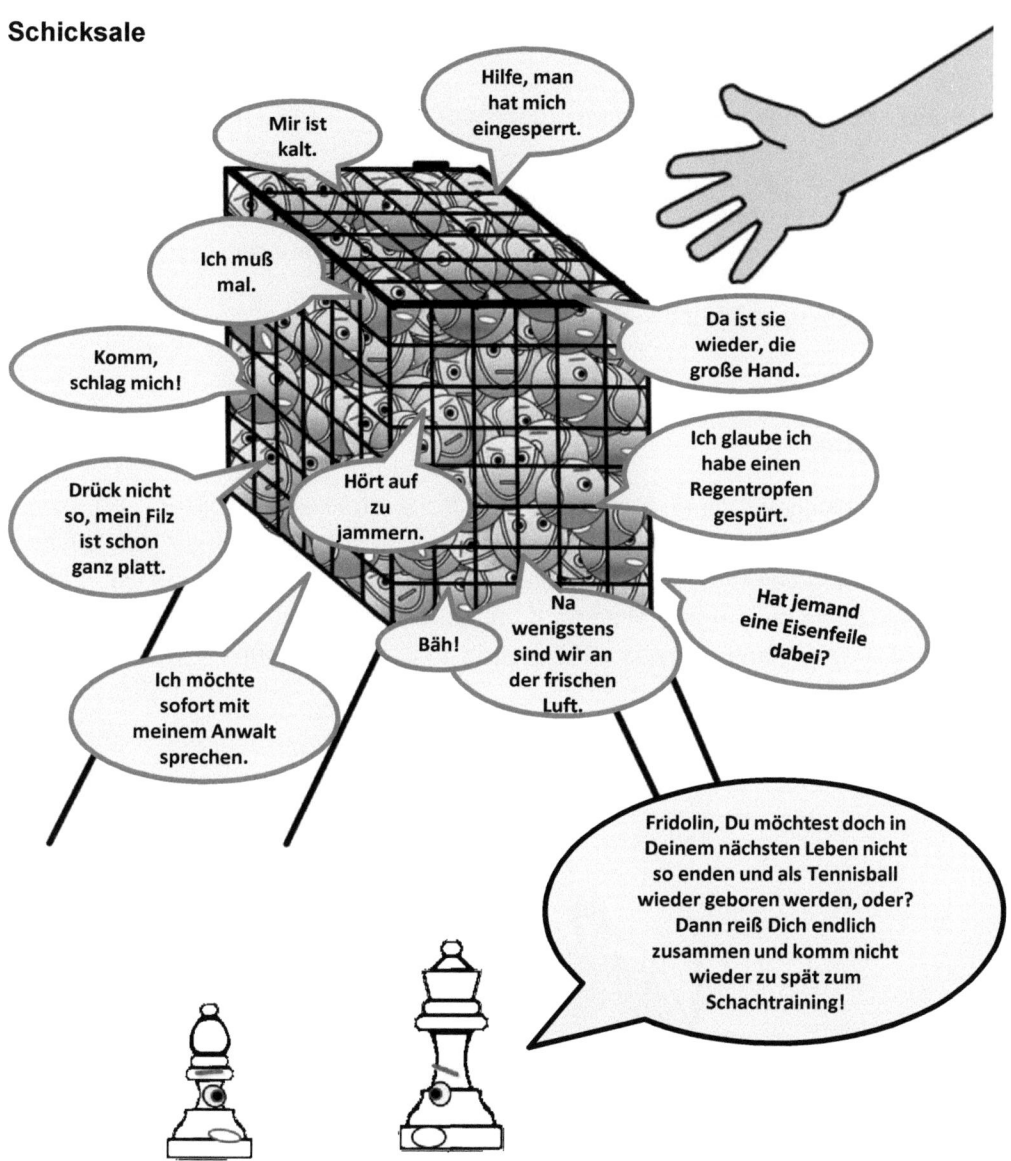

41

Zaungäste

Spricht der Schachprofi zu einem Zuschauer während des Trainings:

„Seit zwei Stunden stehen sie nun schon da und schauen mir dabei zu wie ich versuche bestimmte Spielzüge zu verbessern. Wie wäre es, wenn sie versuchen würden, selbst mal Schach zu spielen?" Darauf der Zuschauer:

„Nein danke, dazu bin ich viel zu ungeduldig."

Ausbildung

Im Ausbildungslehrgang für angehende Schachtrainer. Ausbilder: „So nun habt ihr fast alles gelernt bis auf eine ganz wichtige Sache, die für den Erhalt eures Trainervertrages bzw. Kontingentes von großer Bedeutung ist. Bitte setzt jetzt alle eine ernste Miene auf und sprecht mir nach: Du bist ein echtes Talent. Aus dir kann mal was ganz großes im Schach werden."

Schachspieler crack

Der Lehrer unterhält sich mit Peter: „Und Peter was machst du so in deiner Freizeit?" Peter: „Ich spiele intensiv Schach. Letzte Woche habe ich sogar ein internationales Jugendturnier gewonnen und bin dadurch mit der Vereinsmannschaft unter die Top 3 in Europa hochgerutscht."

Lehrer: „Aber Peter, das wusste ich ja gar nicht. Das könnte natürlich deine schlechten Noten in der Schule erklären. Du wirst ja wahrscheinlich jeden Tag trainieren müssen und hast dann kaum noch Zeit für die Hausaufgaben."

Peter: „Ja genauso ist es. Aber wenn es zu viel wird, dann zieht meine Mutter schon mal den Stecker aus dem PC."

Wertvolle Tipps

In einer Pause eines Trainingsspiels spricht der Trainer zu seinem Schützling welcher gerade dabei ist zu verlieren: „So und nun machst Du mal was ganz Verrücktes."

Kämpfer: „Was denn?"

Trainer: „Spiele Schach!"

Federball

Vereinstrainerin

Die Vereinstrainerin, welche einen riesen Busen hat sucht neue Übungsleiter zur Verstärkung des Trainerteams. Auf die Anzeige hin melden sich drei junge Männer. Nach dem Testspielen ruft sie den ersten Kandidaten in das Vereinsbüro und stellt dann dem Bewerber einige Fragen. Zum Gesprächsabschluss stellt sie noch die folgende:

„Fällt Ihnen irgendetwas Besonderes an mir auf?" Darauf der junge Mann:

„Sie haben einen monströsen Busen." Trainerin:

„So eine Frechheit, verschwinden sie sofort!". Dann ruft sie den Zweiten herein und auch ihm stellt sie am Ende des Gespräches die Frage:

„Fällt Ihnen irgendetwas Besonderes an mir auf?". Der junge Mann:

„Sie haben einen monströsen Busen." Vereinstrainerin:

„Verlassen sie sofort das Büro!". Dann kommt der dritte Proband ins Büro und am Ende kommt wieder die Frage:

„Fällt Ihnen irgendetwas Besonderes an mir auf?". Darauf der junge Mann:

„Sie tragen einen wirklich bemerkenswerten Gürtel." Darauf die Trainerin erleichtert und ein bisschen geschmeichelt:

„Finden sie dass er mir steht?" Junge Mann:

"Nein, das nicht, aber ohne dessen Halt würde ihr monströser Busen glatt auf den Boden klatschen."

Götterdämmerung

Unterhalten sich zwei Vereinsmitglieder, sagt der eine:
„Achtung am Brett geht gleich die Vorstellung los." Darauf der andere
„Wie, was denn für eine Vorstellung?"
„Na die Götterdämmerung." Darauf der andere:
„Ich versteh nur Bahnhof, ich sehe nur den Trainer mit Peter, die gerade ihr Training starten." „Na eben, der kapiert doch schon zum x-ten mal nicht die neue Spieltaktik und nach spätestens 15 min hörst du wiederholt den Trainer brüllen: ‚Mein Gott, wann dämmert bei dir denn endlich die Taktik!"

Spüren

46

Halbstarke

100 Prozent

Nach dem Schachwettkampf kommt der Trainer zu seinem Schützling und sagt:
„Ihr habt heute alle Punkte gemacht."
Schachspieler: „Wieso wir haben doch glatt verloren."
Trainer verärgert: „Ja deswegen ja."

Gang nach Kanossa

Der Schachspieler kurz vor dem Wettkampf „Der Weg durch das Sportzentrum zum Wettkampfraum ist aber lang in diesem Verein und dann immer durch diese vielen Türen, das ist echt mühselig." Darauf der Trainer:
„Keine Sorge der Rückweg wird einfach." Schachspieler:
„Wieso?" Trainer:
„Na mit deiner Einstellung wird dich unser Gegner heute so platt machen, dass ich dich nachher beim Rückweg problemlos unter den Türen durchschieben kann."

Brille

Jonglieren

6. Im Stadion

Im Zuschauerbereich

Im Zuschauerbereich während eines Schachspiels dreht sich eine Zuschauerin, die einen sehr ausladenden Hut trägt, zu ihrem Hintermann um und fragt: „Stört sie mein Hut beim Zuschauen?" Darauf der Mann:

„Nein überhaupt nicht und wenn sie sich wieder nach vorne drehen würden, dann könnte ich auch wieder mein Bier drauf abstellen."

Schachgedanken

Ich bin klar im Vorteil. Die schwarze Farbe ist die perfekte Tarnung , ich muss die Figuren nur auf den schwarzen Feldern halten, dann kann ich gar nicht verlieren.

Dieses Schlitzohr, erst die sizilianische Eröffnung und jetzt dieser geniale Zug. Und vorhin meinte er noch er könnte gar nicht Schach spielen.

Allgemeinwissen

Spricht ein Journalist im Interview zum Schachprofi: „Man sagt ja durch das viele Training leidet das Allgemeinwissen bei den Profis, da keine Zeit zum Lernen übrig bleibt." Darauf der Profi: „Nein, das kann ich so nicht bestätigen." Darauf wieder der Journalist: „Na gut, dann beantworten sie mir bitte die folgende Frage: Wo liegt Russland?" Darauf der Schachprofi:

„Na, weit kann es nicht sein, da unser Trainer Struganoff jeden Tag zu Fuß zum Training kommt."

Karrierehilfe

Fragt der Journalist den erfolgreichen Schachprofi: „Und sie haben ihre Karriere ganz alleine ohne Hilfe geschafft?" Darauf der Schachprofi:

„Das kann man so nicht sagen. Es gab da immer diese Schachfiguren die ich zum Sieg gebraucht hatte."

Hilfestellung

Nach dem Schachwettkampf humpelt ein älterer Zuschauer gestützt auf zwei Krücken zum Verlierer des Wettkampfes, reicht ihm seine dicke Brille und sagt: „Die brauchen sie dringender als ich."

Zuschauer

Im Zuschauerbereich des Schachwettkampfes. Kurz nachdem die Namen der beiden Kontrahenten genannt wurden, steht einer der Zuschauer abrupt auf und schickt sich an zu gehen, da fragt ihn sein Sitznachbar: „Wo wollen Sie denn jetzt noch hin, der Wettkampf beginnt doch jeden Moment." Sagt der andere: „Habe ich letztes Jahr schon gesehen".

Auge

Nach Ende des Matches reibt sich der Verlierer beim Verlassen des Wettkampfraums intensiv die Augen, fragt ein Zuschauer: „Das war also der Grund warum Sie verloren haben, sie hatten Probleme mit den Augen und waren dadurch gehandicaped?" Darauf der Schachspieler: „Nein, Schlaf im Auge."

Suche

Bei einem Schachwettkampf mit größerem Zuschauerbereich ertönt folgende Durchsage:

„Achtung liebe Gäste, der kleine Peter ist verloren gegangen. Er trägt kurze Hosen und ein blaues Hemd. Falls ihn jemand sieht oder er selbst diese Durchsage hört, bitte umgehend beim Sprecher melden....(für einen kurzen Moment nur dumpfes Gemurmel zu hören)...und mir wurde gerade noch mitgeteilt, dass sich Peter auch auf dem Parkplatz aufhalten könnte, er fährt einen blauen Mercedes mit dem Kennzeichen B-WU3578."

7. Verrückte Berufe

Neue Jobs braucht das Schachspiel

Der Schachsportverband hat beschlossen mehr Arbeitsplätze bei den Schachwettkämpfen zu schaffen, um den Komfort für die Spieler zu erhöhen. Nun gibt es:

- Frischwind Zufächler

- Kopfmasseur

- Schweiß Abtupfer

- Taschentuchhalter beim Schneuzen

- Schachfiguren Abwischer

- Schlaf aus Augen Reiber

Darüber hinaus wird der flankierende Einsatz von Blindenhunden zur Unterstützung von Schiedsrichtern mit Tomaten auf den Augen diskutiert.

Holzarbeiten

Wussten sie schon dass Bretter vor dem Kopf nicht nur die Sicht auf den Spielfeld einschränken, sondern auch Zaungäste provozieren können?

Weitere Traumjobs aus der Schachsportbranche...

➜ Karomuster-Designer für Schachbretter

➜ Puppendoktor für kaputte Schachfiguren

➜ Playback Stöhner bei schlechten Zügen

➜ Punktezüchter in der Schachliga

➜ Verkäufer für Lebensversicherungen bei bedrohlichen Zügen

➜ Ersteller von ‚Trimm Dich' Pfaden für den Läufer

➜ Blumenlieferant für die Dame des Spiels

➜ Feuerwehrmann der brandgefährliche Situationen im Schach hält

➜ Doppelpartner im Schachwettkampf

➜ Mauersteinlieferant für angegriffene Türme

➜ Schweißperlen-Ketten Designer in heißen Wettkämpfen

➜ Stallausmister beim Springer

➜ Kartengeber beim Schach

➜ Schiedsrichter beim Schach-Computerspiel

➜ Glatzenpolierer der Bauer Figuren

8. Vereinstätigkeiten

(und wie sie **nicht** vergeben werden sollten)

Raumpfleger: Tunichgut mit Schnarchzapfen Diplom

Schiedsrichter: Hans-guck-in-die-Luft

Vereinssekretariat: Gewitterziegen mit Schreckschraubenappeal

Vereinstrainer: Luftgitarrist

Trainingsteam: In Schießbudenfiguren konvertierte HB-Männchen

Vorstand: Jammerlappen

Finanzen: Raffzähne und falsche Fünfziger

Koch Clubrestaurant: Spaghettisultan

Betreiber Club Shop: Marktschreier mit dubioser Im- und Export Expertise

Oberschiedsrichter: Perückenschaf mit Schlafkappenattitüde

Organisator Events: Fatalisten

Clubkommunikation: Quatschköpfe mit großem Tratschmaul

Mannschaftsführer: Als Klabautermänner verkleidet Psychopaten

Junioren: Königsberger Klopse mit Baumschulzeugnis

Juniorinnen: Als Zimperliesen geoutete Milchmädchen

Herrenmannschaft	Platzhirsche
Frauenmannschaft	Wuchtbrummen
Seniorenmannschaft	Tattergreise mit Zauselgarantie
Seniorinnenmannschaft:	Schabracken mit Schrulleffekt

Sportschicksale

9. Schachspielen in 100 Jahren

→ Es gibt Duschen direkt im Wettkampfraum. So dass auch während des Wettkampfes die Schachspieler sich durch eine schnelle Dusche erfrischen können.

→ Während der Autogrammstunde fährt ein rollender Drucker zwischen den Fans umher und druckt und verteilt ununterbrochen Autogrammkarten solange bis alle vergeben sind. Mehrfachverteilungen an gleiche Personen werden dabei in Kauf genommen.

→ Schachspieler mit schlechter Angriffstaktik haben nun die Möglichkeit für entscheidende Spielphasen im Rahmen eines *Outtaskings* einen Schachspieler mit guter Angriffsstrategie zu mieten.

→ Zur Abkühlung nach dem Schachwettkampf ist nur das Bad in der Menge oder das Bad im Ruhm des Erfolges gestattet.

→ Es wird intelligente Schachsportbrillen geben, welche just-in-time die aktuelle Kampfsituation analysieren und zielgenau Hinweise geben können wie die Taktik des Gegners aussieht und welches der nächste optimale Zug sein müsste um zu gewinnen.

→ Es wird eine in den Tischpfosten eingebaute Bar geben, welche frische Drinks zusammen mixen kann, die direkt während des Kampfes konsumiert werden können.

→ Es wird eine Stöhn Maschine geben, die immer dann stöhnt, wenn es der Schachwettkampfer nach Durchführung eines schlechten Zuges mal vergessen hat.

→ Schachsportkämpfe werden nur noch von Robotern bestritten, menschliche Kämpfer sind im Vergleich einfach nicht mehr gut genug und agieren nur noch als Schmiermittelholer und Ölkannenhalter.

Laufsport

Verdammt, ein Läufer auf G4.

Jugendschach

Als Gentleman sollte man doch immer der Dame den Vortritt lassen, wieso weiß er das nicht und schickt statt dessen seinen Springer nach vorne?

Er wird doch nicht seine Bauern opfern? Wie kann man nur so herzlos sein, immerhin haben sie ihrem König treu gedient.

10. Gesucht wird ...

..ein neuer Vereinstrainer

Unser neuer Vereinstrainer muss den folgenden Anforderungen gerecht werden:

➢ Muss Tag und Nacht zur Verfügung stehen um **allen** Bedürfnissen der Clubmitglieder gerecht zu werden.

➢ Technikerausbildung gefordert zur kostenlosen Reparatur sämtlicher Geräte...von den Vereinsmitgliedern.

➢ Der Vereinstrainer ist auch der Schlüsselträger vom Isolationsraum im Clubhaus, um trainingsunwillige Schachspieler bei Widerspruch als Strafe für gewisse Zeit wegzusperren zu können.

➢ Muss trinkfest sein, um kurz vor entscheidenden Schachwettkämpfen die Kämpfer der Gegenmannschaft, gelockt durch Gratisdrinks unter den Tisch trinken zu können.

➢ Führen einer Hunde- und Katzenpension in der Urlaubszeit für die Tiere der Clubmitglieder.

➢ Betreiben einer Website zur Partnervermittlung um die Mannschaft durch Abwechslung motiviert zu halten, natürlich erst nach persönlichen Qualitätscheck der Probanden/innen.

➢ Bei Reisen mit der Mannschaft muss der Trainer vor Ort im Hotel Küchenarbeit leisten um die Reisekosten für den Verein möglichst gering zu halten.

➢ Arrangement ‚zufälliger' Unfälle für die Top Kämpfer des nächsten gegnerischen Teams.

➢ Lernen mit Elektroschocks; Fachkenntnisse als Elektriker notwendig zum fachgerechten Einbau und Wartung entsprechender Vorrichtungen in den Spielfiguren inklusive zentraler Fernbedienung.

➢ Pflichtbesuch des Seminars ‚Moderne Motivations(rat)schläge ohne Narbenbildung' als Selbstzahler.

➢ Bereitschaft zeigen, sich notfalls wochenlang nicht zu waschen um die Leistung der Gegner in den Verbandsspielen durch gezieltes Stinken negativ zu beeinflussen (z.B. Zuschauen auf der Gegnerseite, Nähe zum gegnerischen Spieler suchen durch Stellen von dummen Fragen).

➢ Muss sowohl wüste Beschimpfungen als auch körperliche Züchtigungen der Vereins- und Mannschaftsmitglieder bei verlorenen Punkten/Spielen ohne Gegenwehr hinnehmen bzw. über sich ergehen lassen. Dient damit auch positiv der Agressionsbewältigung der Schachspieler.

➢ Beherrschung perfekter Techniken um den Schachspielern übertrieben lautes Stöhnen, Brüllen, Fluchen bei verlorener Spielführung beizubringen und damit zur Störung der Konzentration der Gegner im Wettkampf beizutragen.

..ein neuer Mannschaftsspieler

➢ Muss sexy oder absolut hässlich sein, um durch Auswahl entsprechender Kleidung, oder auch gezieltes Weglassen derselben die Spieler/innen der Gegenmannschaft aus dem Konzept zu bringen.

➢ Muss sich genau über die Spieler der gegnerischen Mannschaft informieren, um durch gezielte Gemeinheiten und treffende Beleidigungen die Gegner zu verunsichern.

➢ Muss eine Woche Kellnerdienst im Clubcafe ohne Bezahlung pro verlorenen Wettkampf ableisten.

> Hat schauspielerisches Können nachzuweisen. Für einen taktischen Wettkampfabbruch sind Erfahrungen in Simulation von Herzattacken und psychopathischen Ausrastern mit massiven Bedrohungsgesten Richtung Gegner erforderlich.

> Soll über Fähigkeiten als Entertainer bzw. auch Pausenclown verfügen zwecks Hebung der Stimmung und Moral der Mannschaft während der Wettkämpfe.

Verliebt

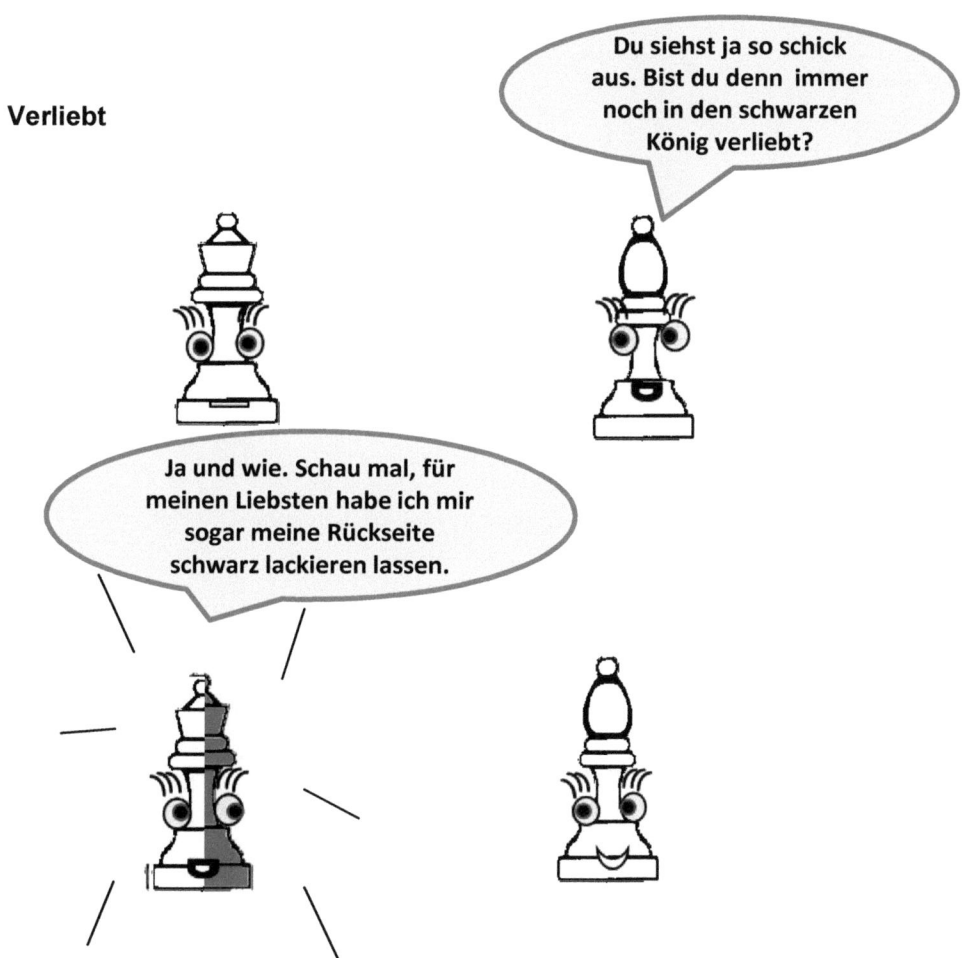

Schlagende Verbindung

Apfel

11. Zehn Anzeichen, dass sie verrückt nach Schachspielen sind

1. Die Ausrichtung ihrer Wohnung geschieht nicht nach Feng Shui sondern nach der Struktur eines Schachbrettes

2. Die Begrüßung erfolgt nur noch in königlicher Manier

3. Die Rasenhöhe in ihrem Garten entspricht genau der Höhe des Königs im Schach.

4. Sie genießen das Gefühl, ein neues Schachspiel in den Händen zu halten, mehr als die Berührungen von ihrer Frau.

5. Sie kennen alle Kampfergebnisse ihres Schachsportvereins vom Wochenende auswendig, haben aber keine Ahnung, was gerade in der Welt vorgeht.

6. Sie finden es verrückt-witzig aus dem Haus zu gehen, ohne ein Schachspiel dabei zu haben.

7. Sie finden das voll fair, dass ihr/e Partner/in fremdgeht, wenn sie dadurch mehr Freiraum fürs Schachspielen bekommen.

8. Sie hören bei einem romantischen candle light dinner nur dann ihrem Gegenüber zu, wenn dieser bestimme Schlüsselworte fallen lässt, wie z.B. Patt, Springer oder Rochade.

9. In ihrem Navi ist ihr Schachsportverein als Heimatadresse hinterlegt

10. Sie kaufen nur noch Stifte bei denen am Ende eine Schachfigur als Radiergummi angebracht ist.

12. Das wirklich Allerletzte

Kultur & Schachspielen

Zwei Freunde machen einen Kombinationsurlaub ‚Kultur & Schachspielen' am Mittelmeer. Am Marktplatz im Urlaubsort erhalten sie vom Reiseleiter Instruktionen:

„Sie gehen jetzt diese Straße dort drüben lang, da werden sie auf dem Weg zur Hotelanlage auf einheimische Straßenhändler treffen, die landestypische Waren im Angebot haben und mit denen sie auch feilschen können. Weiter hinten begegnen Ihnen noch einige Straßenmusiker. Am Ende des Weges liegt die Hotelanlage mit den Schachplätzen auf denen sie heute zwei Stunden kostenlos zusammen mit einem ehemaligen Schachweltmeister trainieren dürfen."

Die beiden Freunde machen sich gleich auf den Weg und starten ihre Tour die besagte Straße entlang. Bereits nach ein paar Metern gabelt sich diese und da beide abgelenkt sind und sich bewundernd eher die hübschen Häuser mit ihrer üppigen Blumenpracht der Balkone anschauen, laufen sie statt den Weg zur Hotelanlage zu nehmen, den Weg zum Hafen herunter. Nach ein paar Minuten begegnet Ihnen ein Einheimischer der den beiden Uhrimitate und ‚etwas zu rauchen' verkaufen möchte, was beide sofort ablehnen. Daraufhin werden sie wüst beschimpft und bevor der Verkäufer verschwindet, spuckt er auch noch verachtend vor ihnen aus. Etwas geschockt und verwirrt gehen die Freunde weiter die Straße entlang, als sie plötzlich von mehreren Männern mit der Forderung nach Geld in eine dunkle Seitengasse gedrängt werden. Beiden wird ein Messer an die Kehle gehalten und zwar so stark und lebensbedrohlich, dass bereits etwas Blut den Hals der Touristen herunterläuft. Da meint der eine Freund:

„Ich glaube der Reiseleiter hat uns reingelegt, und wenn wir am Hotel sind, müssen wir bestimmt auch noch für das Schachtraining heute bezahlen."

Läufer

Blind Date

Zwei Zuschauer eines Schachwettkampfs unterhalten sich, sagt der eine: „Ich glaube der linke Kämpfer verwechselt den Kampf mit einem blind date." Fragt der andere: „Wieso?" Darauf wieder der andere; „Na weil der wie mit Tomaten auf den Augen kämpft."

Bauernglück

Filzmantel

Und wo genau bekommt man diesen schönen Filzmantel her?

Chairman

„Hast du schon gehört, mein Schwager ist jetzt schon seit drei Wochen Chairman von diesem neuen internationalen Schachturnier." Darauf der andere:

„Toll dann hat er sich ja als Verkäufer aus der Tisch- und Stühleabteilung fachlich weiterentwickelt. Es soll ja auch ganz viele Stühle in bei diesem Schachturnier geben, das dauert natürlich bis die alle durchgeputzt sind."

Aktuelle Umfrage

‚Benötigen Schachsportvereine mehr IT Fachexperten?'

Nein: 0%

Ja: 0

1.   If Ja <101 then Ja = Ja +1

2.   If Ja <101 then Print ‚Ja:'Ja'%'; Goto 1.

3.   end

Ja: 1%

Ja: 2%

Ja: 3%

Ja: 4%

……

Wie uns die Umfrageergebnisse eindeutig zeigen, erfreuen sich die IT Fachleute im Schachsportbereich einer wachsenden Beliebtheit.

Moderne Clubräume

„Also Herr Schulz die renovierten Clubräume sind wirklich toll, eine richtige Augenweide. Und diese moderne Inneneinrichtung ist schon sehr schick. Am beeindruckendsten finde ich allerdings dieses imposante 3-D Schachspielerbild, man könnte fast den Eindruck bekommen die Spieler bewegen sich." Darauf Herr Schulz:

„Ihr Eindruck stimmt, allerdings ist dies kein 3-D Bild sondern das Panoramafenster, das hinaus auf einen der Nebenräume zeigt, in welchem gerade unsere Senioren spielen, und die sind immerhin im Schnitt schon über 80 Jahre alt."

Umwelt

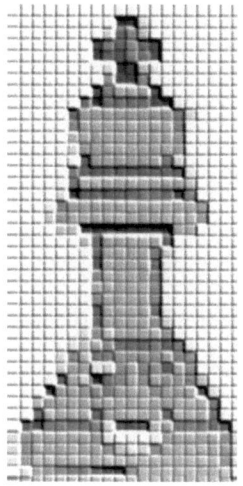

Bitte daran denken:
Nicht mehr gebrauchte ebooks bitte fachgerecht entsorgen!

Bücher von Theo von Taane:

„Mein Schlag war nicht zu weit,
macht doch das Feld länger !"
*ISBN: **9783735794604***

„80% meiner Freizeit verbringe
ich hilflos in Drehtüren!"
*ISBN: **9783735758125***

ebook Spiele von Theo von Taane:

„Schnappt Ede!"
Für 2 - 4 Spieler; Alter: 6 – 99 Jahre
*ISBN: **9783734721748***

„Die spannende Geschenkejagd!"
Für 2 – 4 Spieler; Alter: 6 – 99 Jahre
*ISBN: **9783734721755***

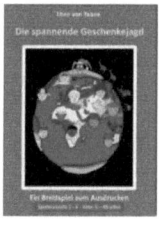

„Das Kuck-Kuck Spiel !"
Alter : 0 – 3 Jahre
*ISBN: **9783734723827***

„80% meiner Freizeit verbringe ich hilflos in Drehtüren!"
ISBN: **9783735758125**

Inhaltsverzeichnis

Untertagewerk – Das Leben ist hart, bisher hat es noch keiner überlebt!

Auf dem Friedhof

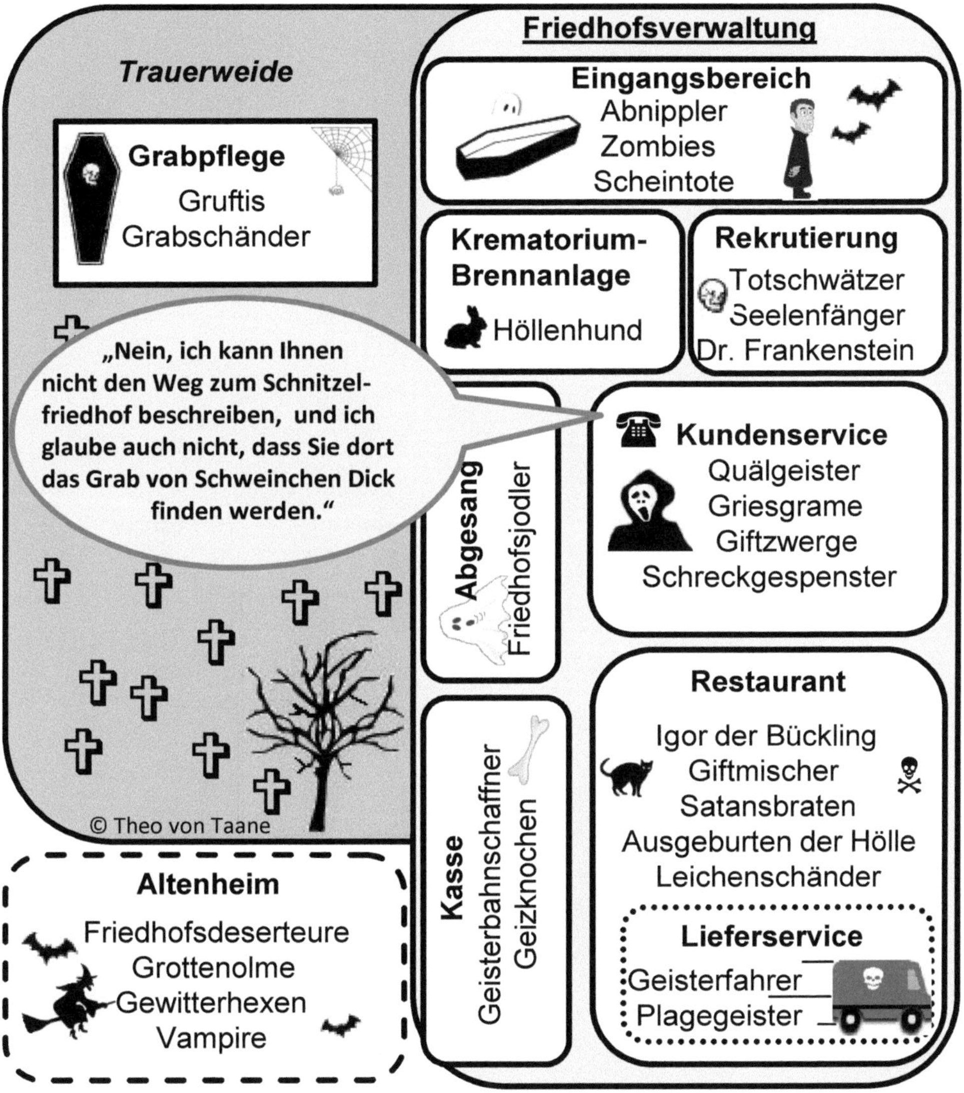

Friedhofsverwaltung

Trauerweide

Grabpflege
Gruftis
Grabschänder

Eingangsbereich
Abnippler
Zombies
Scheintote

Krematorium-Brennanlage
Höllenhund

Rekrutierung
Totschwätzer
Seelenfänger
Dr. Frankenstein

„Nein, ich kann Ihnen nicht den Weg zum Schnitzelfriedhof beschreiben, und ich glaube auch nicht, dass Sie dort das Grab von Schweinchen Dick finden werden."

© Theo von Taane

Abgesang Friedhofsjodler

Kundenservice
Quälgeister
Griesgrame
Giftzwerge
Schreckgespenster

Restaurant
Igor der Bückling
Giftmischer
Satansbraten
Ausgeburten der Hölle
Leichenschänder

Kasse Geisterbahnschaffner Geizknochen

Lieferservice
Geisterfahrer
Plagegeister

Altenheim
Friedhofsdeserteure
Grottenolme
Gewitterhexen
Vampire

73

Im Solarium

© Theo von Taane

<u>Abhubfantasien</u> – Bergab geht's schneller als zu Fuß!

Auf dem Flughafen

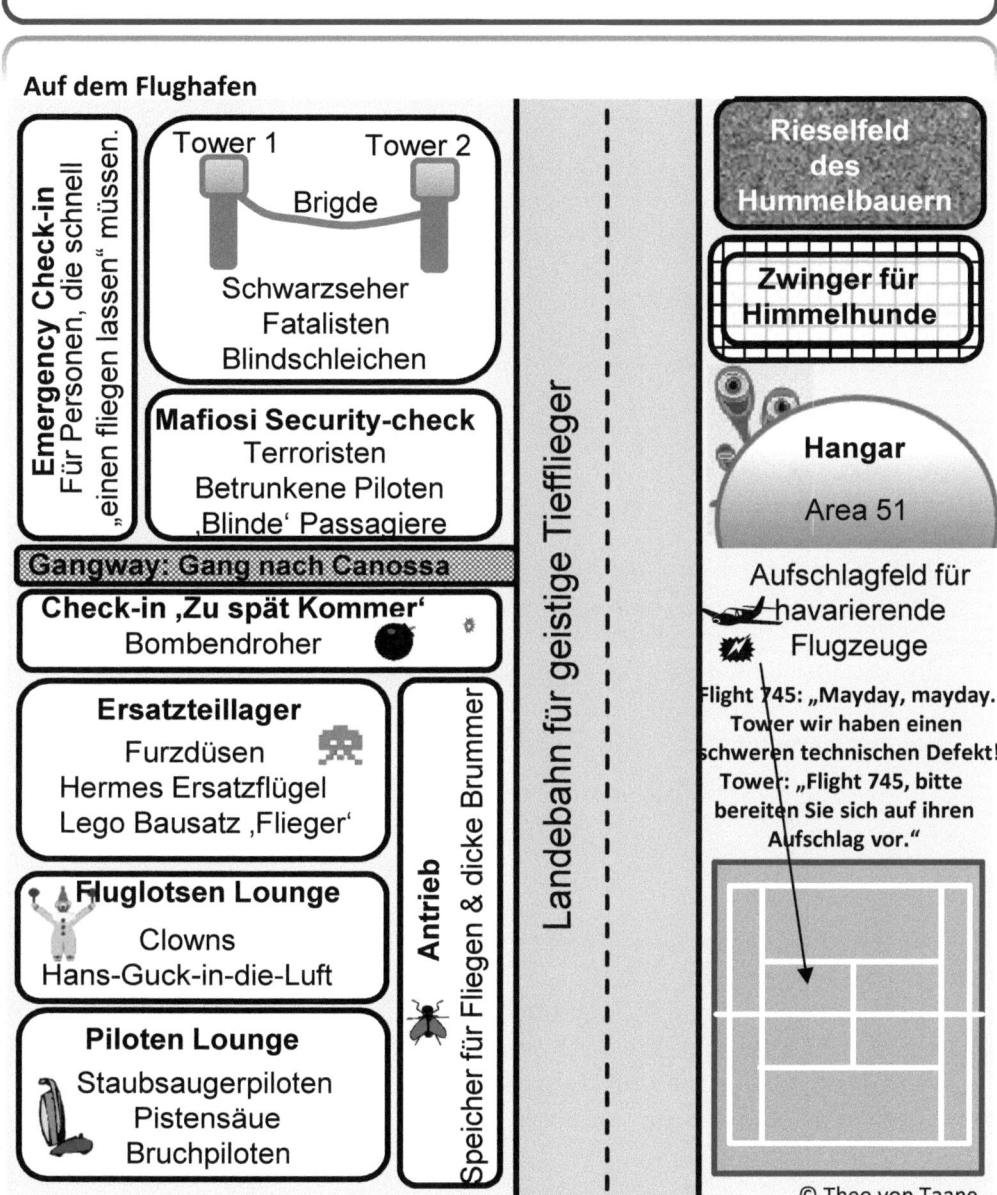

Emergency Check-in
Für Personen, die schnell „einen fliegen lassen" müssen.

Tower 1　　Tower 2
Brigde
Schwarzseher
Fatalisten
Blindschleichen

Mafiosi Security-check
Terroristen
Betrunkene Piloten
‚Blinde' Passagiere

Gangway: Gang nach Canossa

Check-in ‚Zu spät Kommer'
Bombendroher

Ersatzteillager
Furzdüsen
Hermes Ersatzflügel
Lego Bausatz ‚Flieger'

Fluglotsen Lounge
Clowns
Hans-Guck-in-die-Luft

Piloten Lounge
Staubsaugerpiloten
Pistensäue
Bruchpiloten

Antrieb
Speicher für Fliegen & dicke Brummer

Landebahn für geistige Tiefflieger

Rieselfeld des Hummelbauern

Zwinger für Himmelhunde

Hangar
Area 51

Aufschlagfeld für havarierende Flugzeuge

Flight 745: „Mayday, mayday. Tower wir haben einen schweren technischen Defekt!"
Tower: „Flight 745, bitte bereiten Sie sich auf ihren Aufschlag vor."

© Theo von Taane

75

Notfall

Der Pilot aufgeregt an den Tower:

„Mayday, mayday. Der Motor ist ausgefallen und wir befinden uns im direkten Sinkflug! Wir werden alle sterben!!!" Darauf der Tower:

„Nur die Ruhe, Sie sehen das zu negativ." Pilot verwundert:

„Was, wieso?" Darauf wieder der Tower:

„Na, Sie wissen doch, Totgesagte leben länger."

Luftkurierdienst

„Unsere Luftkuriere sind die Flexibelsten in der ganzen Luftfahrtindustrie und schon von einem ganz besonderen Schlag". Darauf der Andere:

„Wie von welchem denn?" Darauf wieder der Andere:

„Vom Taubenschlag."

Pilot

Kurz vor dem Abflug. Die Passagiere sitzen bereits und warten noch auf das Erscheinen des Piloten. In diesem Moment taucht dieser augenscheinlich blind, mit Hund und Blindenstock am Flugzeugeinstieg auf und entschwindet sogleich unter den erstaunten Blicken der Passagiere in das Cockpit. Ehe jemand etwas sagen kann, ist die Maschine bereits am Starten und hebt unter hysterischem

Geschrei der Passagiere sauber ab. Nachdem die Maschine am Zielort ebenso wieder problemlos gelandet ist, geht einer der Passagiere zu dem Piloten, als dieser gerade die Maschine verlassen will und spricht ihn an:

„Wie haben Sie denn das schaffen können, völlig blind, die Maschine so sicher zu starten, zu fliegen und auch wieder zu landen?"

„Ach das ist nichts Besonderes, das war Teil meiner Ausbildung."

Antwortet der Hund.

Ausrüstung

Das Flugzeug ist am Abstürzen direkt über dem Meer, da sagt der eine Pilot:

„Um Gottes Willen, wir werden ins Meer stürzen!!!". Darauf der andere:

„Das ist dumm, genau jetzt habe ich natürlich meine neue Taucherbrille nicht dabei."

Landung

Freitag abend auf dem Rückflug FFM nach BLN. Das Flugzeug kreist schon seit einer halben Stunde über dem Flughafen und wartet ungeduldig auf eine Landegenehmigung vom Tower. Der Co-Pilot hält es nicht mehr aus und funkt wieder den Tower an:

„Flight 4711 an Tower: Wann bekommen wir endlich grün für eine Landebahn. Flight 4711 Ende." Darauf meldet sich der Tower:

„Tower an Flight 4711: Die Erlaubnis kann nur unser Supervisor erteilen. Tower Ende." Darauf wieder der Pilot:

„Flight 4711 an Tower: Wann wird uns der Supervisor die Landeerlaubnis erteilen? Flight 4711 Ende." Darauf der Tower:

„Tower an Flight 4711: Nicht vor Montag, solange ist er noch in Urlaub. Tower Ende."

Im Cockpit

„80% meiner Freizeit verbringe ich hilflos in Drehtüren!"
*ISBN: **9783735758125***

Rubrik: Spiele

„Das Kuck-Kuck Spiel !"
Alter : 0 – 3 Jahre
ISBN: **9783734723827**

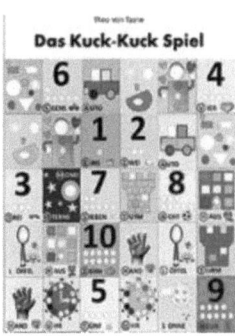

Kurzbeschreibung

Das Kuck-Kuck Spiel ist ein neuartiges interaktives Lern- und Spaßspiel das mit Kindern im Alter von 0 bis 3 Jahren gespielt wird.

Es basiert auf dem Effekt dass das kurzfristige Verstecken oder Verdecken von dem Kind bekannten Gesichtern bzw. Teilen davon und das plötzliche Wiederzeigen des vorher verdeckten Gesichts zusammen mit einem "Kuck-Kuck" Ausruf einen erstaunten Moment mit hoher Aufmerksamkeit beim Kind hervorruft, der die Kinder in der Regel zum Lachen bringt.

Durch Variation z.B. durch das Einbringen von verschiedenen Formen, Motiven und Farben werden sowohl die Aufmerksamkeit, die Beobachtungsgabe als auch die Interaktionsfähigkeit des Kindes sehr gut trainiert. Dabei sollte der Spaß- und Freudefaktor des Kindes an erster Stelle stehen.

Das Spiel umfasst 30 Interaktionskarten die allesamt an markanten bzw. für das Kind interessanten Bildstellen Löcher aufweisen, durch welche die Finger oder auch mal lustig die Zunge durchgesteckt werden können. Es gibt aber auch Fensterbereiche durch welche man das Kind immer wieder anschauen und nach Blickkontakt mit dem Kind den Kopf wieder hinter der Karte verstecken kann. Kinder in diesem Alter haben einen riesen Spaß daran!

Als Motive stehen neben bekannten Formen wie Auto, Haus und Uhr etc. unter anderem auch die Zahlen von 1 bis 10, die zusammen mit der passenden Anzahl von Fingerlöchern hervorragend geeignet sind um das Kind durch Anfassen lassen der z.B hintereinander durchgesteckten Finger zusammen mit dem Aussprechen und der visuellen Darstellung der Zahl auf der Karte die Zahlen kennen zu lernen bzw. spielerisch zu üben.

Die Spielkarten können jeweils einzeln heruntergeladen (Liste mit download-Links im ebook) und ausgedruckt werden (Farbdrucker und Windows PC). Danach nur noch ein paar Löcher ausschneiden und schon kann das Spiel beginnen!

Rubrik: Spiele

„Die spannende Geschenkejagd!"
Für 2 – 4 Spieler; Alter: 6 – 99
Jahre
ISBN: **9783734721755**

Kurzbeschreibung

Der Weihnachtsmann ist in Rente gegangen und der Osterhase hat seinen Job mit übernommen. Doch der Stress war zu viel; weltweite Geschenkverteilung zu Weihnachten, das Ganze noch mal zu Ostern und immer alle Wünsche richtig merken! Das haut den stärksten Hasen um!

Jetzt ist erst einmal Urlaub angesagt, doch wer übernimmt in dieser Zeit den Job vom 'Weihnachtshasen'   ?
Es muss ein Vertreter her, doch nicht irgendeiner. Nur der Beste kann es sein. Bis zu vier Spieler können an diesem Geschenkejagd-Wettstreit teilnehmen. Bist du gut genug?
Alter: 6-99 Spielerzahl: 2-4 Spieler

Spielinhalt (zum Ausdrucken):

1 Spielfeld, 50 Geschenkkarten, 4 Wunschlistenspielfelder

Du brauchst noch:

- 4 Spielfiguren, 1 Würfel, 1 Farbwürfel (optional)

- und zum Ausdrucken: PC mit Windows Betriebssystem / Farbdrucker

Eine Probeversion für 2 Spieler ist ebenfalls in diesem Onlinestore erhältlich (Suchbegriff: Geschenkejagd)

Die gute Laune beginnt schon mit der Erstellung des do-it-yourself Spiels. Eine Schritt-für-Schritt Anleitung ist enthalten.